Marco José

Kindertheater als Chance

Welchen Gewinn bietet das darstellende Spiel für Kinder?

GRIN Verlag

Bibliografische Information der Deutschen Nationalbibliothek:

Die Deutsche Bibliothek verzeichnet diese Publikation in der Deutschen National-
bibliografie; detaillierte bibliografische Daten sind im Internet über http://dnb.d-
nb.de/ abrufbar.

Impressum:

Copyright © 2013 GRIN Verlag GmbH
Druck und Bindung: Books on Demand GmbH, Norderstedt Germany
ISBN: 978-3-656-44131-1

Kindertheater als Chance

27. Februar 2013

Inhaltsverzeichnis

1. Einleitung

Dieses Portfolio will der Frage nachgehen, welchen Gewinn Kinder im darstellenden Spiel davontragen können. Im ersten Teil werden einige essenzielle Definitionen bezügl. des Theaters, den Emotionen und den Gefühlen erläutert. Inwieweit beeinflussen positive Emotionen den Lernprozess? Welche Chancen bieten das Kindertheater für die Kinder? Hier sehe ich mir eine Untersuchung an, die in Österreich zum Thema Theaterarbeit durchgeführt worden war. Welche positiven Effekte hatte das darstellende Spiel für die Kinder? Gibt es auch Schulen, die die Theaterarbeit fest im Curriculum etabliert haben? Danach möchte ich das kindliche Spiel per se in Augenschein nehmen und neuere Forschungen berücksichtigen. Anschließend werde ich in einem resümierenden Schlusswort diese Arbeit abschließen.

2. Definitionen

2.1. Begriffe des darstellenden Spiels

Ästhetik

Aisthesis (griech.) bedeutet heute „Wahrnehmung" und meint etwa „Sinn" und „Sinnesorgan". Jedoch ist es nicht nur „auf das sinnliche Erfassen beschränkt, sondern kann jegliches Gewahrwerden (auch in der Bedeutung von innerem Empfinden) bezeichnen" (vgl. Bernhard 2008).

Eine andere philosophische Definition:

(v. griech. aistánesthai, >wahrnehmen<), Bezeichnung für die philos. Theorie von der Herstellung und Erfahrung des Schönen in Kunst und Natur. Formal wird gemäß den Hinsichten von Herstellung und Erfahrung einer Produktionsästhetik von der Rezeptionsästhetik unterschieden. Im ersten Fall geht es um die Entstehungsbedingungen von Kunstwerken, im zweiten um die Wahrnehmungsbedingungen ästhetischer Gegenstände. Während der Produktionsästhetik seit der aristotelischen Poetik die künstlerischen Traktate zuzurechnen sind, die v. a. Anleitungen zur Herstellung geben beschränken sich die Rezeptionsästhetiken darauf festzustellen, wann ein Gegenstand in seiner Wahrnehmung als ästhetisch (d. h. schön, erhaben oder interessant bzw. deren jeweiliges Gegenteil) gelten darf. (Gessmann 2009, S 59f.)

Grenzerfahrungen

Prof. Dr. Westphal bezeichnet diese als eine Erfahrung, die „(...) sich auf Irritationen und Überraschungen(...)" einlässt „(...), um sich und Welt anders zu sehen und somit kulturell verfestigte Wahrnehmungs-, Fühl- und Denkmuster zu verlassen." (vgl. Westphal 2011)

Schonraum

Dieser bietet einen geschützten Rahmen, denn im Spiel gibt es keine Konsequenzen im Gegensatz zur Realität. Der „Spieler" erfährt eine neue Wahrnehmung der Realität (Initiation eines Bildungsprozesses).

2.2. Definition Emotion

„Emotionen sind komplexe, größtenteils automatisch ablaufende, von der Evolution gestaltete Programme für *Handlungen* [Hervorh. d. Verf.]." (Damasio 2010, 122)

2

Der portugiesische Neurowissenschaftler Antonio Damasio beschreibt die Emotionen, als Prozesse, die in unserem Körper ablaufen z. B. Gesichtsausdrücke, Körperhaltungen, sowie die Veränderung innerer Organe und dem inneren Milieu. Diese werden durch Bilder von Objekten oder Ereignissen ausgelöst, die in der Gegenwart stattfinden oder aber auch in der Vergangenheit stattfanden. Für jede Emotion ist das Zusammenspiel verschiedener Gehirnareale zuständig. (vgl. ebd.).

2.2.1. Emotionen und der Lernprozess

Im Allgemeinen hinterlassen kognitive, im Besonderen emotionale Erfahrungen massivere und auch beständigere Spuren im kindlichen als in einem erwachsenen Gehirn. Im höheren Alter werden nur noch subtilere Veränderungen wahrgenommen. Am sensibelsten gelten demnach die kritischen Entwicklungszeitfenster in der Kindheit (vgl. Braun/Meier 2004, 507ff.).

Bei neuer Wissensaufnahme beginnt zuerst die Suche nach einer Bedeutung. Das Gehirn versucht Neues mit Vertrautem in Verbindung zu setzen (Erstellung eines mentalen Konzeptes), dort spielen Emotionen eine entscheidende Rolle. Das limbische System (Zwischenhirn) filtert anschließend diese ankommende Informationen. Somit werden Emotionen zum „Türöffner" für Lernprozesse und Leistungen (vgl. ebd.; zit. n. Kovalik/Olsen 2001).

Im Übrigen fand Damasio auch heraus, dass Trauer das Denken verlangsamte, Freude hingegen beschleunigte den gleichen Vorgang (vgl. Damasio 2010, 123).

2.3. Gefühle

„Gefühle von Emotionen dagegen sind zusammengesetzte *Wahrnehmungen* [Hervorh. d. Verf.] dessen, was in unserem Körper und unserem Geist abläuft, wenn wir Emotionen haben." (Damasio 2010, 122)

Während die Emotionen ablaufen, kommen noch die Wahrnehmungen des Geisteszustandes hinzu und das wird dann das, was Damasio Gefühle nennt (vgl. ebd.)

2.3.1. Gefühle ausdrücken

In der gegenwärtigen Zeit wird es nicht besonders als wichtig angesehen, Gefühle auszudrücken. Viele Sinnesempfindungen wie Traurigkeit, verbunden mit Tränen werden nur unter bestimmten Umständen geduldet. Gesellschaftlich-unangemessene Zeitpunkte eines „Gefühlsausbruchs" werden als Zeichen der Schwäche interpretiert. Es ist interessant zu sehen, dass wenn wir etwa sagen „Ich fühle mich wie ein

Gewinner." damit kein Gefühl per se gemeint ist, sondern eher eine analytisch-rationale Bemerkung. Eine Gefühlsäußerung wäre es, im obigen Beispiel zu sagen „Ich freue mich, weil ich…". Der Psychologe Marshall B. Rosenberg hat sich im Zuge der Gewaltfreien Kommunikation ausgiebig darüber über Jahrzehnte Gedanken gemacht und kam zu dem Schluss, dass wir oft ein sehr schmales Sprachrepertoire über Gefühle haben, ganz im Gegensatz zu dem Wortschatz z. B. an Schimpfwörtern (vgl. Rosenberg 2010).

2.4. Empathie

Daniel Goleman, Psychologe und Wissenschaftsjournalist, verfolgt in seinem Buch „EQ - Emotionale Intelligenz" die Hypothese, dass Empathie im frühen Kindesalter geformt wird. Kinder beobachten andere Spielkameraden, wie diese reagieren, wenn sie z. B. Kummer haben. Diese Beobachtungen werden dann von ihnen nachgeahmt und so entwickeln sie nach und nach ein Repertoire von empathischen Reaktionen (vgl. Goleman 2011, 131).

Die Empathie gehört zu den sozialen Kompetenzen und spielt eine Schlüsselrolle in menschlichen Interaktionen. Sie kann das Fundament zu einer komplexen interpersonalen Intelligenz sein. Mit dieser können Menschen einfühlsam z. B. Gruppen organisieren, Lösungen aushandeln, persönliche Verbindungen aufbauen und allgemein sozial analysieren, was so viel meint wie, die Kompetenz Gefühle, Motive und anliegen anderer zu entschlüsseln und zu verstehen (vgl. ebd., 153). Die Spiegelneuronen[1] im Gehirn bilden hierfür das Fundament zur Einfühlung bei menschlichen Interaktionen. So können, laut einer Studie im Jahre 2007, auch schon Kleinkinder im Alter zwischen sechs und zehn Monaten solche Situationen beobachten und adäquat bewerten (vgl. Hamlin 2007).

„Wer viel Theater spielt, wird auch besser in Mathematik"

Enja Riegel, Autorin und ehemalige Schulleiterin der Helene-Lange-Schule

3. Kindertheater als Chance

Vor einigen Jahren erschien in der österreichischen Zeitschrift „Pädiatrie & Pädologie" der Beitrag „Die ganze Schule ist eine Bühne: Kindertheater als Bildungsinstrument". In diesem wurde hervorgehoben, wie wichtig es für den Lernprozess ist, emotional zu lernen. Denn es konnte neurobiologisch untermauert werden, dass „Je emotionaler (positiv) eine Situation wahrgenommen wird, desto besser lernen wir." (Raufelder/Mohr 2011, S. 77; zit. n. Larry Squire, James McGaugh, Candace

---

[1] Spiegelneuronen erlauben es, dem Beobachtenden das Wahrgenommene im Gehirn widerzuspiegeln und empathisch nachzuvollziehen. Da diese Nervenzellen imstande sind, eine innere Imitation der Beobachtung zu erstellen, nannte man sie *mirror neurons* bzw. Spiegelneuronen (vgl. Zaboura 2009). Sie sollen sich im Brocaareal, im primären motorischen Cortex, im unteren Scheitellappen und im oberen Schläfenlappen befinden, ebenfalls in der vorderen Insel und im vorderen cingulären Cortex.

Pert; vgl. Jensen, 1998 u. a.). So Sindelar et al. „Die Hirnstrukturen, die für unser emotionales Erleben zuständig sind, sind dichtest mit den Bereichen, die für kognitive Leistungen verantwortlich sind, vernetzt." (ebd. 2008, 15). Kindertheater ist soziales Lernen und dieses kann positiv zur Persönlichkeitsentwicklung beitragen. Die ForscherInnen forderten diese ästhetische Erfahrung stärker im Curriculum zu berücksichtigen, um beeinträchtigenden Lernstörungen konstruktiver entgegen zu arbeiten. Diesem ganzheitlichen System, der die kindliche Entwicklung Körper, Emotion, Sozialisation und Kognition vereint, die sich wiederum alle gegenseitig beeinflussen und in permanentem Austausch stehen, soll einen festen Platz in der Schule eingeräumt werden. Neben der Förderung der sprachlichen und körperlichen Vielfalt bei Kindern, „übt" das theatralische Spiel einen positiven Effekt zur Konfrontation alterstypischer Probleme aus. Dessen kulturübergreifender Charakter kann ebenfalls zu einem stärkeren Klassen- bzw. Schulklima beitragen. Enja Riegel, ehemalige Schulleiterin der Helene-Lange-Schule, etablierte das darstellende Spiel fest im Lehrplan und die Theaterprojekte zogen sich über Wochen. Die Zeit kommentierten Riegels Theatermethodik an der Schule wie folgt: „Obwohl die Schüler zum Teil über Wochen Theater spielten, wurden sie in den anderen Fächern immer besser. Nach einiger Zeit sagte man nicht mehr »obwohl«, sondern »weil«." (Kahl 2008). Im Jahr 2007 schließlich erhielt die Schule den begehrten Deutschen Schulpreis (vgl. Kahl 2007).

Sindelar et al. stellten bezüglich der Teilnahme am darstellenden Spiel signifikante Verbesserungen fest (Selbstbeurteilungen):

- ☺ in der taktil-kinästhetischen Wahrnehmung,
- ☺ der Körperschemawahrnehmung,
- ☺ der zweidimensionalen Raumwahrnehmung,
- ☺ der auditiven Figurgrunddifferenzierung und Aufmerksamkeit,
- ☺ der visuellen Differenzierung,
- ☺ der intermodalen Verknüpfung visueller Inhalte in auditive Inhalte
- ☺ in der Serialität.

(vgl. Sindelar et al. 2008, 19).

Weiterhin:

- ☺ eine Verringerung der Ablenkbarkeit,
- ☺ Steigerung der Stabilität in der kontinuierlichen Neuorientierung der Aufmerksamkeit
- ☺ Verbesserung im visuellen als auch im auditiven Bereich der geteilten Aufmerksamkeit
- ☺ das Selbstwertgefühl innerhalb der eigenen Familie konnte gesteigert werden
- ☺ bei Migrationskinder konnte überdies überdurchschnittliche Werte für Selbstwahrnehmung und Selbstkontrolle festgestellt werden

Differenzierungen zwischen Jungen und Mädchen konnten die ForscherInnen keine finden. (vgl. ebd., 19f.).

Auch die Lehrerbeurteilungen (Fremdbeurteilungen) fielen dementsprechend positiv aus:

☺ Zunahme im Einfühlungsvermögen und der Hilfsbereitschaft,

☺ in der Selbstbehauptung,

☺ im Sozialkontakt,

☺ in der Anstrengungsbereitschaft und Ausdauer,

☺ in der Konzentration,

☺ in der Selbstständigkeit

☺ Sorgfalt im Lernen

☺ Verringerung der Angstbereitschaft,

☺ Verbesserung der Du-Kontaktfähigkeit,

☺ Abnahme der Bereitschaft zu depressiven Reaktionen

☺ in einer verbesserten Einstellung zur Leistungssituation.

(vgl. ebd., 20).

Die Mädchen waren hier jedoch dominierender, während die Jungen eher in der Konzentrationsfähigkeit, in ihrem Einfühlungsvermögen und in ihrer Hilfsbereitschaft Verbesserungen aufwiesen (vgl. ebd.).

Letztendlich war die Theaterarbeit mit 32 Stunden in 3 Monaten jedoch ein Tropfen auf den heißen Stein, setzt man diese Schule in den Vergleich mit der Helene-Lange-Schule, die diese Theaterprojekte systematisch integrierte.

3.2. Das Theaterprogramm der Helene-Lange-Schule (Wiesbaden)

Im Schulprogramm der Helene-Lange-Schule findet sich auf der Internetseite auch unter „Theaterspielen – Persönlichkeit stärken" eine Struktur:

Bausteine der Theaterarbeit

☺ Verankerung im schulischen Alltag und Unterricht bzw. als Szenisches Spiel. Präsentation.

☺ "Kleine Theaterwerkstatt" als AG-Angebot für die Jahrgänge 5-7, Aufführungen als Angebot an die Grundschulen der Stadt Wiesbaden.

☺ Englisch Drama Workshop - eine Woche englisches Theater im Jahrgang 8. Der Unterricht wird ausgesetzt.

☺ Theaterprojekt als Klassenprojekt im Jahrgang 9 - bis 5 Wochen nur Theater statt Unterricht unter Anleitung eines Regisseurs (als Alternative: Filmprojekt).

☺ "Große Theaterwerkstatt" als Wahlpflichtkurs für die Jahrgänge 9 und 10 mit einer 5-wöchigen Intensivphase vor der Aufführung.

(Luick/Zergiebel 2013)

3.3. Förderung der Emotionalen Intelligenz

Die Schlüsselkompetenzen, die sich die SchülerInnen im Laufe des darstellenden Spiels aneignen, reichen von Stressresistenz, Flexibilität, Teamfähigkeit, im Allgemeinen die Verbesserung der Sprachkompetenz und im Besonderen die Förderung der Kommunikationsfähigkeit. Nachweislich zeigt sich ein positiver Effekt in der sprachlichen, kreativen und sozialen Entwicklung der Kinder (vgl. Sindelar et al. 2008, 18). Und mit der Stärkung dieser z. T. sogar salutogenetischen[2] Dispositionen verringert sich auch die lern-destruktiven Emotionen wie Angst[3] oder Aggression. Die Studie um Sindelar et al. konnte weiterhin herausfinden, dass introvertierte SchülerInnen im Laufe der Proben bzw. Aufführungen einen freudigen Zugang zu dieser ästhetischen Methode finden konnten (vgl. ebd., 19).

4. Das kindliche Spiel

Für die gesunde Entwicklung bei Kindern ist das freie, fantasievolle Spiel unverzichtbar. Der Psychiater Stuart Brown sprach mit etwa 6000 Menschen über ihre Kindheit und konnte herausfinden, dass Kinder sich zu glücklichen und verträglichen Erwachsenen entwickeln, wenn sie nur ausreichend Gelegenheiten zum „Freispiel" bekämen. Den dort werden soziale Kompetenzen erworben, wie die bereits o. g. Stressresistenz und die Problemlösefähigkeit (vgl. Wenner 2009, 41). Heute steuern Eltern eher in die entgegengesetzte Richtung und füllen die freie Zeit der Kinder mit angeleiteten Aktivitäten wie z. B. Musikschule oder Sportunterricht, was nicht dem entspricht, was die ForscherInnen befürworten würden. Mit einer Gegenbewegung formatierte sich bereits 1961 in Dänemark die International Play Association, die für ein Grundrecht des Spielens eintrat. Denn die These lautete, dass das freie Spiel an keine fixen Konventionen gebunden sein sollte und somit mehr kreativen Input verlangte. Bei dem

---

[2] Salutogenese = Aaron Antonovsky (1923-1994) begriff sein Konzept der Salutogenese nach der Frage der Entstehungsbedingungen von Gesundheit, statt der Gesundheitsvorsorge als Verhindern von Krankheit (Pathogenese). So destillierte er gesundheitsförderliche Faktoren, auf denen sein Präventionskonzept aufbaut, um lebensförderliche Bedingungen zu schaffen (vgl. Antonovsky 1997).
[3] Diese (negativen) Emotionen können den Lernprozess stören bzw. hemmen, dass sie andere Bereiche des Gehirns aktivieren und damit Ressourcen aufbrauchen (vgl. Raufelder/Mohr

Rollenspiel, das oft bei Kindern Anklang findet, ist fantasievolles Konstruieren seitens der Akteure gefragt (z. B. Vater-Mutter-Kind etc.) (vgl. ebd.). Das Freispiel ist tief in unserer Evolution verankert und verfolgt kein bestimmtes Ziel. Wichtig ist z. B. beim Rollenspiel ein Aufeinandereingehen bei den einzelnen Teilnehmern. Bei der Interaktion merkt man, wie andere auf bestimmte Aktionen oder Äußerungen reagieren und stellt sich darauf ein, übt Realität in einem Schonraum. Der Aspekt der Selbstbeherrschung ist hierbei nur ein Teil des komplexen Lernprozesses. Ein anderer ist das Verbalisieren von nicht vorhandenen (unsichtbaren) Gegenständen, was die Sprachkompetenz beflügelt. Die ForscherInnen konnten ebenso zeigen, dass das Spielen nach Stress auslösenden Situationen wie sie sich z. B. am ersten Schultag ergeben, eine kompensierende Funktion erfüllen konnten und damit den Grad der Anspannung senkten (*social buffering*).

5. Schluss

Ich denke, es konnte gezeigt werden, dass das Theaterspiel eine Reihe von Ressourcen und Kompetenzen, insbesondere der sozialen, bereithält, die einen Schonraum zur „Einübung" bedürfen. Die Möglichkeit solch darstellendes Spiel in die Schule zu integrieren, kann positive Nebenwirkungen mit sich bringen und andere, fachliche Kompetenzen, befruchten. Dies konnte in der Helene-Lange-Schule in Wiesbaden schon mehrmals bewiesen werden. Aktuelle Forschungen stützen die Bedeutung des Theaters ebenso. Es ist wichtig, auch außerhalb der Theaterarbeit, dem freien Spiel oder Freispiel genügend Zeit und Raum zu geben. Denn diese kreative Phase beflügelt die Fantasie und lässt die Akteure interagieren und sozial lernen. Ich konnte mir nicht vorstellen, die Theaterarbeit in meine zukünftige Lehrtätigkeit zu integrieren, doch nun bin ich motiviert dazu. Die inspirierenden Texte und das Resultat u. a. Kindern das Leben zu lehren, haben mich in meinen zukünftigen Zielen bestärkt. Auch das Seminar bei Frau Dr. Lohfeld haben mich Theater bzw. *Performance* positiv erleben lassen.

Ich schließe dieses Portfolio mit einem Zitat von dem von mir hoch geschätzten Prof. Dr. Gerald Hüther: „Deshalb brauchen Kinder genügend Raum und Zeit zum Spielen. Kinder, denen solche Freiräume geboten werden, lernen alles, was es dort zu lernen gibt." (Hüther 2011, 162)

6. Literaturverzeichnis

☺ Bernhard, P. (2008). Stichwort: Aisthesis. In: Liebau, E./ Zirfas, J. (Hg.): Die Sinne und die Künste. Perspektiven ästhetischer Bildung. Bielefeld: transcript. S. 19-34.

☺ Braun, A. K./ Meier M. (2004). Stichwort: Wie Gehirne laufen lernen oder. „Früh übt sich, wer ein Meister werden will!". Überlegungen zu einer interdisziplinären Forschungsrichtung „Neuropädagogik". In: Zeitschrift für Pädagogik, Jahrgang 50 - Heft 4, Juli/August, S. 507-520.

☺ Damasio, A. (2010): Selbst ist der Mensch. Körper, Geist und die Entstehung des menschlichen Bewusstseins. 1. Auflage. München.

☺ Goleman, D. (2011): EQ – Emotionale Intelligenz. Auflage: Jubiläums-Edition. München.

☺ Hamlin, K. et al.. (2007): Social evaluation by preverbal infants. In: nature 450, S. 557 – 560.

☺ Hüther, G. (2011): Was wir sind und was wir sein könnten. 8. Auflage. Frankfurt am Main.

☺ Kahl, R. (2007): Die Musterschüler. http://www.zeit.de/2007/51/C-schulen (Stand 26.02.2013).

☺ Kahl, R. (2008): Der Traum einer Lehrerin. http://www.zeit.de/2008/01/C-Riegel-Aufmacher (Stand 26.02.2013).

☺ Raufelder, D./ Mohr, S. (2011): Zur Bedeutung sozio-emotionaler Faktoren im Kontext Schule unter Berücksichtigung neurowissenschaftlicher Aspekte. In: Ittel, A./ Merkens, H./ Stecher, L. (Hg.): Jahrbuch Jugendforschung. 10. Ausgabe 2010. Wiesbaden. 1. Auflage. S. 74-96.

☺ Rosenberg, M. B. (2010): Gewaltfreie Kommunikation. Eine Sprache des Lebens. 9. Auflage. Paderborn.

☺ Sindelar, B./ Friedrich M./ Scharinger C. (2008). Stichwort: Die ganze Schule ist eine Bühne. In: Pädiatrie & Pädologie, Nr. 6, S. 15-20.

☺ Wenner, Melinda (2009). Stichwort: Spielen - Der Unernst des Lebens. In: Gehirn & Geist, 7, S. 40-47.

☺ Westphal, K. (2011): Von der Notwendigkeit, Fremdes zu erfahren. Auf/Brüche von Wissenschaft und Künsten im Dialog über Bildung. Am Beispiel einer Performance mit Kindern. In: Brinkmann, M. (Hg.): Erziehung. Phänomenologische Perspektiven. Königshausen & Neumann: Würzburg, S. 203–213.

☺ Zaboura, N. (2009): Das empathische Gehirn. Spiegelneuronen als Grundlage menschlicher Kommunikation. 1. Auflage. Wiesbaden.

Nachschlagewerke:

☺ Gessmann, Martin: Philosophisches Wörterbuch, Stuttgart 2009.